LE LAC SAINT-CHARLES

perle de Québec

LE LAC SAINT-CHARLES

perle de Québec

Francis Audet

Le Québec tous azimuts

Les Éditions GID

Édition
CAROLINE ROY

Photographies
FRANCIS AUDET
www.FrancisAudet.com

Conception graphique et mise en pages
HÉLÈNE RIVERIN

Suivi de production
JOHANNE DUPONT

Photographie de la couverture
FRANCIS AUDET

Dépôt légal – Bibliothèque et Archives nationales du Québec, 2013
Dépôt légal – Bibliothèque et Archives Canada, 2013

Nous remercions la SODEC pour le soutien financier accordé à notre maison d'édition par l'entremise de son Programme d'aide aux entreprises du livre et de l'édition spécialisée ainsi que le gouvernement du Québec pour son Programme de crédit d'impôt pour l'édition du livre – Gestion SODEC.

Canadä *Nous reconnaissons l'aide financière du gouvernement du Canada par l'entremise du Fonds du livre du Canada, son programme d'aide au développement de l'industrie de l'édition, pour nos activités d'édition.*

© LES ÉDITIONS GID, 2013
7460, boulevard Wilfrid-Hamel
Québec (Québec)
CANADA G2G 1C1

Téléphone :   418 877-3110
Télécopieur : 418 877-3741
Courriel :   editions@leseditionsgid.com
Site web :   leseditionsgid.com

Imprimé au Canada
ISBN 978-2-89634-183-2

Distribution
DISTRIBUTION FILIGRANE INC.
7460, boulevard Wilfrid-Hamel
Québec (Québec) G2G 1C1

Téléphone :   418 877-3666
Télécopieur : 418 877-3741
Courriel :   distributionfiligrane@leseditionsgid.com

REMERCIEMENTS

À celle qui est plus rayonnante et énergisante que tous les lacs : ma douce conjointe, pour son soutien et son amour inconditionnels.

En amont de la naissance de chaque œuvre, travaillent de nombreux acteurs et contributeurs qui méritent d'être remerciés. Je désire tout d'abord témoigner ma reconnaissance sincère à tous ceux et celles qui se sont impliqués, particulièrement aux riverains et auteurs qui, par des textes et des témoignages, sont venus enrichir l'unicité de cet ouvrage.

Je me dois aussi de citer quelques personnes qui ont eu un rôle de premier plan dans la réalisation de ce livre :

Mélanie Deslongchamps, directrice de l'APEL (Association pour la protection de l'environnement du lac Saint-Charles et des Marais du Nord) qui, en plus de m'avoir mis en contact avec de nombreuses personnes, dont l'éditeur, m'a fourni plusieurs livres et textes historiques et m'a donné l'occasion de prendre des photos aériennes du lac.

Louis Lafond, directeur de la section Culture et Vie communautaire à la Ville de Québec, qui m'a donné l'autorisation d'utiliser plusieurs textes d'un précédent ouvrage historique *, ce qui a su bonifier ce livre.

Serge Lambert, président-directeur général des Éditions GID, pour sa passion envers les œuvres photographiques et la découverte des perles cachées de notre patrimoine, tel le lac Saint-Charles.

Finalement, ma femme Sylvie et mes enfants, Loïc et Maïka, sources d'inspiration pour m'aider à atteindre mes rêves, comme celui de produire ce livre.

* Poulin, Étienne, *Le lac Saint-Charles*, Société historique de Lac-Saint-Charles, 1992, 16 pages.

Aurore saluant la pleine lune.

PRÉFACE

Chers amis et amies,

Depuis toujours le lac Saint-Charles se veut un lieu de quiétude et de vie. Au fil des siècles, de génération en génération, les gens du lac ont su préserver l'aspect bucolique de ce qui demeure un des secrets les mieux gardés de la Capitale nationale.

L'ouvrage que vous avez entre les mains nous présente non seulement la splendeur géographique du lac et de ses composantes environnantes, mais également la vie de ses citoyens. Car au-delà de la majesté du lieu, il y a les gens qui y vivent au fil des quatre saisons.

Il y a plus de 150 ans, le grand peintre Cornelius Krieghoff avait su capturer la douceur et le romantisme du lac Saint-Charles. Aujourd'hui, Francis Audet a troqué le pinceau pour la caméra et nous montre la vie du lac dans toutes ses nuances et textures.

Il n'est pas facile de saisir avec l'œil de la lentille ces moments de vie et monsieur Audet sait le faire avec art et doigté. Et pour cause, il y vit avec sa famille !

Savourez ces instantanés de bonheur et partagez-les avec vos proches.

Bonne lecture.

Gérard Deltell
Député de Chauveau

Soirée de printemps en compagnie des bouleaux.

INTRODUCTION

Ce lac merveilleux est-il au cœur de la vie des riverains ?

Poser la question, c'est y répondre. Encore en 2013, la vie des riverains s'harmonise au rythme de l'eau. Des miroirs aux teintes automnales aux glaces et patinoires hivernales, en tout temps, ce lac est source de calme et de paix pour tous les sens. Entouré de collines et de montagnes, il offre sous tous ses points de vue une fresque reposante. Mais plusieurs ignorent qu'il est également au cœur de la vie de la population entière de la ville de Québec. En effet, le lac Saint-Charles est la source d'eau potable d'un grand pourcentage des citoyens de la capitale.

Ma passion pour la photographie de paysage ne pouvait rester insensible à toute cette majesté. En toute saison, à toute heure de la journée et de la nuit, les merveilles défilent devant la lentille de mon appareil, infatigable et insatiable. Cette perle peu connue de la région de Québec — peu connue car elle offre peu d'accès publics — méritait un moment de gloire pour lui rendre justice, pour que les riverains puissent la montrer, la partager, la chérir encore davantage. Tel était mon objectif en entreprenant cette aventure.

À travers ce projet de longue durée, le lac a connu une couverture de presse internationale par la publication d'une photo (celle de la page 79) par la prestigieuse *National Geographic Society*, et puis une autre (page 57) publiée pleine page dans *The National Post*. Mais c'est d'abord et avant tout à vous, les résidents et résidentes de la ville de Québec et à vous, les riverains, que cette œuvre est dédiée.

Ici, on se sent si loin de la ville, le temps semble pouvoir s'arrêter.

☞ Mariane Robillard,
présidente de l'Association des
riverains du lac Saint-Charles
(ARLSC) de 2007 à 2012.

Le lac Saint-Charles

Chaque saison, le lac Saint-Charles fait de nous, les riverains, ses complices et ses compagnons. Il accompagne nos humeurs dans notre quotidien et ne cesse de nous surprendre, de nous émouvoir par sa beauté. Plongez-y un instant et laissez-vous prendre, vous aussi, par les filets de ses paysages.

Couleurs flamboyantes des berges, bleu acier des eaux, l'automne est déjà à nos portes. À la moindre percée de soleil, les nombreuses forêts le long des rives s'illuminent et nous offrent tout un spectacle ! Quelques derniers kayaks osent encore sillonner les eaux froides, mais à l'Action de grâce, il est temps pour nous tous d'hiberner. L'hiver veut s'imposer.

En décembre, les eaux déchaînées la veille par le nordet s'immobilisent dans la nuit. Au matin, plus un son. Plus un bruit. Le temps s'est arrêté…, le lac a gelé. Sous le soleil bleuté d'un dimanche après-midi, au loin, une écharpe rouge vole au vent. Ça y est, les premiers courageux ont sorti leurs patins. Le spectacle d'une glace vierge et sans reproche est invitant et nous chatouille tous un peu le bout des pieds. « Allez-vite, on va chausser nos patins nous aussi ! » Avant les fêtes, les hockeys s'animent, tandis que les voisins pellettent, pellettent et re-pellettent

pour garder en vie des petits chemins de glace reliés les uns aux autres. C'est l'hiver. Le lac a gelé. La vie peut continuer.

À force d'efforts, le soleil d'avril fait perdre au lac ses premières glaces. Dès lors, les canards virevoltent, tels des as du pilotage, au-dessus des petits coins d'eaux pour s'y poser. Dans un manque d'harmonie parfaitement ordonné, petits garrots, grands harles et bernaches se disputent poissons et herbages, mais se partagent les quelques banquises encore disponibles pour profiter du soleil printanier. L'été peut arriver!

Sous le soleil d'été, pontons, kayaks, canots et voiles se saluent. Les huarts apparaissent et disparaissent à bâbord comme à tribord. Le long des sillons laissés par les embarcations, le soleil scintille et nous éblouit. C'est le temps des apéros entre amis, des éclats de rire d'enfants portés par la baie de l'Écho. Bercé par le chant du huart presque tous les soirs, c'est l'été. Tout peut recommencer!

Vieilles branches dans la baie Charles-Talbot.

Fin de journée près des marais.

Premières gelées de novembre.

Réveil sur la plus féerique patinoire
en ville.

Graffitis des patineurs.

Signes des marais sous la glace.

Une fine pellicule d'eau sur la glace fait briller le lac.

Bourgeons au soleil couchant.

Hutte de castors témoignant de la présence d'une faune riche.

Petite pause en canot.

Canard solitaire en fin de journée.

Double arc-en-ciel au crépuscule.

D'un calme presque parfait.

À la découverte d'un lac brillant.

Tiora Datuec, « le lac Brillant ». Ainsi l'avaient nommé les Hurons au XVIIe siècle, qui disaient également *Tiorce Datheck*, c'est-à-dire « roche brillante au sommet d'une montagne » [*].

Le toponyme *Saint-Charles* [...] vient des Récollets qui s'installèrent, en 1615, au bord de la rivière et qui lui donnèrent le nom du *saint patron* d'un de leurs bienfaiteurs, *Charles des Boues*.

[*] Il est à noter que toutes les références historiques dans cet ouvrage proviennent du livre *Le Lac Saint-Charles*, de la Société historique de Lac-Saint-Charles, par Étienne Poulin, publié en 1992.

Baie Charles-Talbot en juin, aucune habitation en vue.

En route vers deux soleils.

Le lac Saint-Charles

℀ Mélanie Deslongchamps,
directrice générale de l'APEL

$\mathcal{A}$près plus de **10 ans** à travailler tous les jours à la **préservation** du lac Saint-Charles et de son bassin versant, je suis toujours aussi heureuse lorsque j'ai la chance de faire une randonnée en kayak, une séance photo avec les **huarts**, les **hérons** et les **balbuzards** pêcheurs ou encore une rencontre avec d'autres **passionnés** du lac Saint-Charles !

Vue de la baie Charles-Talbot encore préservée de l'empreinte de l'homme.

Nénuphars sous le ciel bleu.

Aire naturelle de pique-nique pour agrémenter une balade en kayak.

Famille d'arbres secs sous un ciel dramatique.

Les Marais du Nord à l'automne.

Les Marais du Nord, un site exceptionnel pour apprécier la faune et la flore.

«On faisait halte sur la *pointe de terre*, à l'ouest, qui partage le lac en deux. En cet endroit, de *grandes pierres*, dont quelques-unes hautes d'un mètre cinquante, présentaient une paroi verticale orientée, tantôt à l'est, tantôt à l'ouest, procurant ainsi une protection contre les vents du nord-est et du sud-ouest.

Le lac fournit plus de 50 % des 100 millions de mètres cubes d'eau potable traitée par la Ville de Québec.

Au XVIIe siècle, les *Jésuites* allaient pêcher sur la pointe séparant les deux lacs Saint-Charles.

Cet endroit était extrêmement apprécié des pêcheurs qui y prenaient souvent de grosses *truites*.

Sur la rive de cet étroit passage se trouvait un rocher massif appelé « *Bilke Rock* » ou « *Big Rock* » où la truite était toujours abondante.

Aujourd'hui, par suite de l'endiguement des eaux du lac, le rocher a disparu, submergé par les flots, et le goulot est beaucoup plus large.

Vieille souche témoignant d'un niveau d'eau jadis plus bas.

Il faut attendre le premier quart du XVIIIe siècle avant que quelques pionniers, venus de *Charlesbourg*, viennent s'installer sur des lots situés non loin du lac.

Superficie du lac : 3,6 km^2
Longueur maximale : 5,5 km dans un axe nord-sud
Profondeur maximale : 17,5 m dans son bassin nord
Volume : 15 millions de mètres cubes

Le lac Saint-Charles

↬ Mario Lussier,
président, Société d'histoire
de La Haute-Saint-Charles

Bien qu'il ait été un lieu de passage pour des communautés autochtones il y a plusieurs centaines d'années, le lac Saint-Charles est devenu un établissement permanent assez tôt dans notre histoire. En suivant la rivière qui porte le même nom, les colons de la seigneurie Saint-Ignace se sont lentement établis sur les rives fertiles du lac Saint-Charles, dans une tranquille enclave au milieu du piémont laurentien.

D'abord situé dans la paroisse Saint-Ambroise-de-la-Jeune-Lorette, le lac Saint-Charles s'en détache au début du XXe siècle, comme les autres secteurs trop éloignés de l'église paroissiale du village de Loretteville.

Les XIXe et XXe siècles voient s'installer la villégiature au lac Saint-Charles. Des toiles de plusieurs peintres le démontrent d'ailleurs avec éclat. Cette idée reste aujourd'hui importante, on le voit avec le canotage entre autres. Moïse Monier, de Lac-Saint-Charles, en a d'ailleurs fait une entreprise de fabrication d'avirons.

Le lac a aussi été utile pour les autorités municipales. Il a été compris, après les épidémies et les grands incendies à Québec au XIXe siècle, que Québec avait besoin d'eau potable. Le lac a rapidement été perçu comme une grande réserve d'eau. C'est pour cette raison qu'il devient, dès 1854, la réserve principale d'eau potable de la Ville de Québec.

Dans une histoire plus récente, le lac a justement inquiété les autorités municipales puisque la qualité de son eau se détériorait. En raison de la villégiature « moderne », notamment, mais aussi en raison de l'énorme quantité d'eau qui y est puisée quotidiennement.

Enfin, le lac a toujours été utile à la vie des humains. Pour s'y établir, pour cultiver, pour boire, pour se divertir, pour la beauté de son paysage, autant d'utilités incontournables pour les humains de toutes les époques.

Dégel près du barrage.

Soirée d'été paisible, moment idéal pour être sur le lac.

Le lac au crépuscule (panorama créé avec 13 images individuelles).

Nuage éclairé par un orage distant, communément appelé « éclair de chaleur ».

Orage de canicule.

Arc-en-ciel à fleur d'eau.

Le lac Saint-Charles

Le lac Saint-Charles, c'est l'**eau** que je bois,
l'**air** que je respire, les **paysages** que j'admire.

☞ Sylvie LaRose,
présidente de l'APEL

Cellule orageuse éclairée par le crépuscule.

Mouvement des nuages au-dessus d'un lac
calme.

Magie de l'empreinte des étoiles à la suite
de quelques heures d'exposition.

Aurore boréale embellie d'une étoile filante.

Quelques lucioles admirant les aurores boréales.

Aurore boréale supervisée par la Station spatiale internationale.

Par une belle nuit étoilée…

Une heure d'aurores sur le lac.

La passerelle offrait un point de vue privilégié sur le transit historique de
Venus devant le Soleil, le 5 juin 2012. Prochain rendez-vous, 2117.

Une visite spectaculaire en mars et avril 2013, la comète Pan-STARRS.

LE LAC SAINT-CHARLES

Course endiablée entre la Lune et Jupiter.

La Lune et Saturne supervisent la formation des glaces.

Le retour à la maison.

MORCEAUX D'UNIVERS

Rencontre ce lac et naîtra un espoir de fusion.
De cette fusion se lèvera un vol de liberté,
Cette liberté qui illumine la vie que l'on s'invente.

J'ouvrirai les ailes sur ce lac
Pour me poser près de sa source, dans ces marais,
Et connaître l'oiseau qui va éclore.
Lac, tu m'éveilles.
Je rêve à ces morceaux d'univers pour l'éternité.

☞ Pierre-Jules Lavigne,
riverain

Mystère des zones marécageuses.

Effet miroir en contre-jour.

Pour la bourgeoisie anglophone de Québec, imbue de romantisme, le lac Saint-Charles devient, dès le début du XIXe siècle, le but des *promenades* et des excursions.

Des *hôtels de Québec* présentent même le lac à leurs hôtes comme un site à ne pas manquer.

Vers 1940, des *villégiateurs* persistent à fréquenter les rives du lac. Ces « gens d'été » sont en grand nombre propriétaires ; d'autres louent des chalets ou des maisons appartenant aux résidents du lac.

Aire de repos à l'entrée de la baie Charles-Talbot.

Fleur de nénuphar s'admirant dans ce grand miroir.

Un jeune Belge qui était en séjour dans notre beau pays voulait profiter de notre décor naturel féerique pour faire la grande demande à sa bien-aimée. Il nous a contacté secrètement pour nous demander de préparer une mise en scène romantique pour l'occasion.

Nous habitons sur les berges du lac Saint-Charles. Une petite île déserte située à l'embouchure de la deuxième partie du lac sera notre site choisi pour l'événement romantique.

Je pars en chaloupe avec les accessoires de décor et ma décoratrice attitrée, ma fille Jade. Nous faisons escale sur un petit quai ou nous prenons à bord notre responsable de l'ambiance sonore romantique, une jeune violoniste de 16 ans engagée spécialement pour l'occasion.

Arrivés sur l'île nous préparons la mise en scène. Nous installons une couverture de mouton blanc, sur laquelle nous déposons un seau de glace avec bouteille de champagne, et traçons ensuite un chemin de pétales de roses jusqu'au point d'embarquement de l'île. Je m'installe alors dans les buissons tel un voyeur pervers avec mon appareil photo afin d'immortaliser l'événement.

↪ Pierre Bélanger,
riverain

Les préparatifs sont fin prêts et je vois apparaître à l'horizon le kayak double dans lequel nos tourtereaux prennent place pour une balade romantique au crépuscule.

Ils accostent finalement et la violoniste s'exécute pour les attirer vers l'endroit prévu pour la grande demande. C'est au son de belles ballades romantiques que notre jeune garçon procéda à la grande demande sous les regards indiscrets d'un photographe qui les épiait dans les bosquets. Leur discussion privée était étouffée par l'envoûtante musique. Nous n'avons pas pu entendre la réponse verbale de la jeune fille, mais les baisers et étreintes de notre jeune couple ainsi que la dégustation du champagne qui coulait à flots nous confirment qu'elle a bien répondu OUI. Comment pouvait-elle résister à une demande si romantique dans un décor de rêve comme celui-là !

Source de calme et de ressourcement.

Vue de la passerelle qui surplombe la plage.

Superbe pilier solaire à l'est.

Le lac Saint-Charles

Après une journée chargée et stressante, il ne suffit que de **quelques minutes** au bord du lac Saint-Charles pour **faire disparaître tout stress** et recharger ses batteries.

↝ Linda Gagnon,
riveraine

Ciel spectaculairement coloré après l'orage.

Soirée vivifiante entre deux bandes de nuages.

Chaleur et reflet d'été.

Lac enneigé à la tombée du jour.

Lever de la pleine lune.

Aurore boréale spectaculaire vue de la passe entre les deux lacs.

Superbe mélange d'aurores et de nuages.

La Saint-Jean-Baptiste sur un lac couleur Québec.

La résonance naturelle qu'offre le lac et les reflets sur l'eau créent un spectacle son et lumière sans pareil.

Ponton solitaire au coucher du soleil.

Beauté automnale des Marais du Nord, un réel sanctuaire dans notre cours.

Le lac Saint-Charles

Ce matin, le **soleil** s'est montré vers 10 heures et a chassé la grisaille qui coiffait le lac depuis trois jours. Encore une fois s'est opéré le **miracle** des arbres qui allument leurs couleurs d'automne devant le **miroir** d'un lac qui n'ose bouger devant cette **splendeur**. Je souhaite avoir la possibilité de **vivre encore plusieurs automnes** au lac Saint-Charles.

❧ Lise Renaud,
riveraine

Graminées qui se laissent caresser par le doux soleil.

Feuilles appréciant leur dernier soleil levant avant de rejoindre le sol.

Brume par un matin d'octobre.

Magie de la flore d'automne à l'aube.

Merci à vous qui savez rendre magiques des moments de calme à la brunante par vos chants sacrés et si purs.

↝ Anne-Marie Poulin
et Mariane Robillard,
copines grâce au lac
depuis plus de 30 ans.

Sur le dos d'une planche à voile, à 12 ans, **deux copines** s'amusaient à **appeler** le **huart** lorsque, soudain, celui-ci sortit de l'eau à deux mètres d'elles. Figées de stupeur par son **impressionnante grosseur**, son long bec noir et ses yeux rouges, les **deux amies** prirent peur tandis que le huart, curieux, les regardait se sauver à toute vitesse… Ha !

La chance de pouvoir patiner sur un lac provoque une sensation de liberté euphorisante.

La relève se prépare.

Nuages du matin en feu au-delà du lac.

Rien n'arrête la pratique de notre sport national.

LE LAC SAINT-CHARLES

Brouillard glacé.

Fraîcheur d'hiver.

Au siècle dernier, durant les jours clairs et froids de l'hiver, les fervents s'adonnaient à la *chasse* à l'orignal, au *trappage* de l'ours, du renard et du lièvre, et à la *pêche* sous la glace de la grosse truite grise communément appelée touladi ».

Traces de promenade hivernale.

Halo de glace surplombant le lac.

Fleur d'hiver.

Le lac dans toute sa splendeur.

Le lac Saint-Charles

Ô lac, à toi qui sais refléter mes **pensées** et mes **aspirations** les plus profondes, à toi qui sais **m'accueillir** en toute saison et à toute heure pour apaiser mon besoin de **calme**, m'inspirer et assouvir ma **soif à exister** pleinement. La perle que tu représentes constitue une **richesse inestimable** et combien **précieuse** pour ceux et celles qui sauront s'abandonner à ta **beauté**, ne serait-ce qu'un instant d'**éternité**.

↪ Sylvie Lessard,
riveraine

Lumières des stations de ski à l'horizon, Stoneham à gauche,
Le Relais au centre.

FSC
www.fsc.org

MIXTE
Papier issu de
sources responsables
FSC® C011825

Achevé d'imprimer
à Québec (Québec, Canada), en septembre 2013,
sur les presses de TC Transcontinental Québec.